# DE LA MARCHE

AU

# POINT DE VUE MILITAIRE

## Par M. CORTIAL

### Médecin-major de 1re classe

PARIS
11, PLACE SAINT-ANDRÉ-DES-ARTS.

LIMOGES
46, NOUVELLE ROUTE D'AIXE, 46.

HENRI CHARLES-LAVAUZELLE

Éditeur militaire.

—

1893

# Librairie militaire Henri Charles-Lavauzelle

### Paris, 11, place Saint-André-des-Arts.

**La Paria,** par Jean d'AARCYL. Ouvrage dédié à M. Alexandre Dumas fils. Volume in-18 de 318 pages...................... 3 50

**Nouvelles militaires,** par Amédée DELORME, lauréat de l'Académie française : *Le sergent Le Goadec.* — *Le capuchon d'ordonnance.* — *Cordoue 1808.* — *Petites causes.* — *L'ambulance de Luchon.* — *Retour de campagne.* (Paris 1893.) Vol. — in-18 de 268 p. avec couverture en chromolithographie.. 3 50

**Mauroy,** roman de mœurs, par Amédée DELORME. — Volume in-18 de 330 pages.......................... 3 50

**Souvenirs de Saint-Maixent,** par Ch. DES ECORRES, préface de Théo-Critt; illustrés de nombreuses gravures dans le texte et hors texte, de Baïonnette et Astier. — Volume in-18 de 256 pages...................... 3 50

**Au pays des étapes,** notes d'un légionnaire, par Ch. DES ECORRES. Ouvrage illustré de nombreuses gravures dans le texte et hors texte par Baïonnette. — Volume in-18 de 372 pages................... 3 50

**Souvenirs de Saint-Cyr.** *Esquisse de la vie militaire en France,* par A. TELLER. 1re année. — Volume in-18 de 252 pages.................. 3 »

2e année, avec de magnifiques gravures dans le texte. — Volume in-18 de 288 pages.......................... 3 50

**Péchés d'école.** *Carnet d'un artilleur,* par ETOUPILLE. — Volume in-18 de 226 pages.......................... 3 50

**En batterie !** *Carnet d'un artilleur,* par le même. — Volume in-18 de 252 pages.......................... 3 50

**Aventures de trois canonniers,** recueillies par un quatrième, par P. NOEL. — Volume in-18 de 340 pages..................... 3 »

**Péchés de garnison,** par E... T... — Volume in-18 de 304 pages..... 3 »

**Nouveaux péchés,** par le même. — Volume in-18 de 350 pages...... 3 50

**L'écuyer magnétiseur,** par le même. — Volume in-18 de 352 pages.. 3 »

**Contes d'amour et de bivouac,** par Ch. DE BYS, illustrés par de nombreuses gravures hors texte. — Volume in-18 de 276 pages............ 3 50

**Amours bizarres,** par Octave DOSSOT. Nombreuses illustrations dans le texte. — Volume in-18 de 224 pages....................... 3 50

**Le lieutenant Mauclerc,** par Pierre LEHAUTCOURT. — Volume in-18 de 220 pages.......................... 3 »

*Nouvelles.* — **Le curé colonel** (historique); **Dieu me juge; L'inventeur de la poudre** (Mario Montfalcone), par PAUL FÉVAL fils. — Volume in-18 de 144 pages..................... 2 »

**Ourida,** par le cheik SI HABIL KLARIN M'TA EL CHOTT. — Volume in-18 de 316 pages.......................... 3 50

**Le moulin de Lauterbourg,** par Albert MONNIOT. — Volume in-18 de 244 pages.......................... 3 »

**Madeleine Fabiane,** par E. CORALYS. — Volume in-18 de 100 pages.. 1 50

**Fraternité,** par L. DES BOUFFIOLES. — Roman philosophique, social et militaire, couronné par la Société d'encouragement au bien. — Volume in-18 de 176 pages.......................... 2 50

**La fille du lieutenant,** traduit de l'anglais par G. HERBIGNAC. — Volume in-18 de 430 pages......................... 3 50

**Mi aime à vous. — Dans le Midi. — Sous les hortensias. — Fanfreluche et Beaucouset,** par Joseph MAIRE. — Vol. in-18 de 292 pages... 3 50

**Bourse plate,** par le même. — Volume in-18 de 364 pages......... 3 50

**Madame la Préfète,** par le même. — Volume in-18 de 236 pages.... 3 »

**Les voyages merveilleux de Jacques Vernot,** par A. TELLER. — Volume in-18 broché de 360 pages...................... 3 50

**La langue verte du troupier,** avec préface de M. Raoul BONNERY, membre de la Société des Gens de lettres. — Brochure in-18 de 92 pages..... 2 »

**Les Saint-Cyriennes,** poésies, par Fernand BERNARD, avec de splendides gravures dans le texte et hors texte. — Volume in-18 de 216 pages... 3 50

# DE LA MARCHE

# AU POINT DE VUE MILITAIRE

# DE LA MARCHE

AU

# POINT DE VUE MILITAIRE

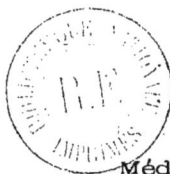

### Par M. CORTIAL

Médecin-major de 1re classe

PARIS   ||   LIMOGES

11, Place St-André-des-Arts, 11, || 46, Nouvelle route d'Aixe, 46.

Henri CHARLES-LAVAUZELLE

Éditeur militaire.

—

1893

# De la marche au point de vue militaire

1° NOTIONS PHYSIOLOGIQUES SUR LE TRAVAIL CHEZ L'HOMME : TRA-
VAIL RÉGULIER, TRAVAIL FORCÉ, EFFETS LOCAUX ET GÉNÉRAUX
DANS LES DEUX CAS.

Les déchets produits dans l'intimité des tissus qui composent le corps vivant doivent être éliminés. La physiologie
ou étude des phénomènes de la vie enseigne et démontre
que l'exercice régulier des forces musculaires est nécessaire
à l'élimination de ces déchets de combustion.

Cet exercice régulier découle, pour la majorité des hommes, de l'accomplissement journalier des obligations de leur
situation sociale. C'est ce que l'on peut appeler le *travail
régulier*, celui de l'agriculteur, de l'artisan, du commerçant,
de l'homme de bureau, etc.

Ce travail n'amène réellement la fatigue que s'il est prolongé outre mesure, ou s'il est produit par un organisme
déjà souffrant, ou bien encore s'il vient à la suite de fatigues
exceptionnelles sans intervalle de repos suffisant. Car, pour
que le travail soit régulier, il faut que la machine vivante
qui l'effectue fonctionne régulièrement, c'est-à-dire que l'alimentation et le temps de sommeil soient proportionnels au
travail effectué.

Le travail cérébral est compris dans le travail régulier
lorsqu'il est modéré. Comme le travail musculaire, il produit

des déchets de combustion et même la fatigue générale s'il est poussé trop loin. La démonstration expérimentale de ce fait a été donnée par M. Mosso, professeur à l'université de Turin : alors qu'il faisait passer des examens, travail cérébral des plus pénibles, comme l'on sait, il a pris avec un instrument appelé l'ergographe (1), quatre tracés dont un avant et trois après le travail. Ces tracés indiquent nettement par leur comparaison que le travail cérébral intense a produit une diminution considérable de la force musculaire.

Il y a donc lieu de conclure que les effets de ces deux formes de l'activité vitale, le travail musculaire et le travail cérébral, doivent être calculés comme ceux de deux forces parallèles. Pour évaluer soit les bénéfices, soit les inconvénients qui découlent de l'association des deux genres de travail, il ne faudra pas déduire l'effort musculaire de l'effort cérébral, mais, au contraire, les additionner l'un à l'autre : c'est ainsi qu'on en déterminera *la résultante*.

On pourra de même dire que celui qui ne fait pas un travail musculaire suffisant se trouvera bien de travailler du cerveau. Il est conforme à l'hygiène du prisonnier tenu en cellule de lui donner des livres. Il serait contraire à l'hygiène des candidats à une école supérieure, au moment où ils se trouvent dans le coup de feu du concours, de leur faire faire des exercices violents.

Ce qui précède peut paraître un hors-d'œuvre ; mais il semble difficile d'étudier le travail sans y joindre le travail cérébral.

Le travail régulier type, le plus simple, est la marche avec allure modérée pendant un temps relativement court, deux ou trois heures par exemple, à raison de 4 kilomètres à l'heure. C'est l'exercice le plus simple, le moins pénible, et recommandé comme le plus hygiénique pour les personnes

---

(1) Appareil destiné à obtenir la courbe de fatigue d'un muscle.

dont la situation sociale ne nécessite pas un autre travail régulier journalier. Ce travail est suffisant pour maintenir un bon état de santé générale. On cite des prisonniers qui ont eu la persévérance de marcher tous les jours pendant plusieurs heures dans leur cellule et qui ont quitté la prison dans un très bon état de santé après cinq et même dix années de réclusion et d'isolement complet.

Le rythme respiratoire, c'est-à-dire la fréquence des inspirations pendant un même laps de temps, une minute par exemple, est fortement influencé par le travail musculaire. Le fait est d'observation universelle et journalière. En voici la démonstration expérimentale : en faisant tourner une roue par un individu dont on mesurait la respiration, on a vu que la ventilation pulmonaire était exactement proportionnée au nombre des tours de roue.

Le rapport entre le rythme respiratoire et le rythme cardiaque est constant pour ainsi dire : il s'ensuit que ce qui influence l'un influence l'autre. L'exercice musculaire augmente donc aussi la fréquence des battements du cœur, ce dont il est facile à chacun de s'assurer sur lui-même après une simple promenade.

En résumé, le travail régulier facilite le bon fonctionnement des divers organes, surtout en favorisant l'élimination des produits de combustion, d'usure organique ; il augmente légèrement le nombre des inspirations et des battements du cœur ; il rend plus impérieux le besoin de la réparation par l'alimentation et le sommeil.

Le *travail forcé* produit des effets beaucoup plus accusés. Il y a à considérer deux cas :

1° Le travail forcé par la prolongation excessive d'un travail régulier ;

2° Le travail forcé par intensité de l'effort à produire dans un court espace de temps.

Dans les deux cas, on doit tenir compte d'un nouveau

facteur, l'*effort*, qui n'était pas appréciable dans le travail régulier.

L'effort est une contraction musculaire qui a pour objet soit de résister à une puissance, soit de vaincre une résistance. Il peut manifester ses effets au point de vue physiologique, soit par sa répétition plus ou moins prolongée, soit par son intensité pendant un temps très-court. Ces deux alternatives s'appliquent aux deux cas à considérer dans le travail forcé.

Dès que l'effort est accentué, il produit l'*essoufflement*, et, s'il se prolonge, la *fatigue*.

A ce titre, tous les exercices physiques doivent être compris dans le travail forcé, car tous produisent assez vite l'essoufflement, la sueur, la fatigue générale ou locale si l'exercice n'a mis en jeu qu'un certain groupe de muscles.

Il est donc naturel de présenter ici quelques observations sur les exercices du corps.

Il y a des exercices qui font sentir leur effet surtout aux muscles, et d'autres qui influencent plus particulièrement les grands organes internes.

Faites le rétablissement au trapèze et recommencez le mouvement autant de fois qu'il vous sera possible : quand vous vous arrêterez, fatigué, les muscles qui auront pris part à l'exercice seront, pour quelques minutes, hors de service, impuissants à faire effort. Mais la respiration sera beaucoup moins influencée, les battements du cœur peu augmentés. Faites au contraire un temps de course avec toute la vitesse dont vos jambes seront capables, et vous observerez que la fatigue ne se traduira plus par l'endolorissement et l'impuissance des membres, mais par l'essoufflement du poumon et par les battements tumultueux du cœur.

Si l'on cherche à déterminer par l'observation dans quelles conditions les effets de l'exercice se bornent à un résultat local, et dans quelles conditions, au contraire, ils se traduisent par des résultats généraux, on voit que tout dépend de la *quantité de travail effectué.*

Plus la quantité de travail représentée par l'exercice en un temps donné sera considérable, plus sera appréciable le retentissement de l'exercice sur l'ensemble de l'organisme.

Si donc on recherche les effets athlétiques de l'exercice, il faut donner la préférence à ceux qui localisent l'effort et concentrent le travail. La gymnastique aux appareils est le type des méthodes qui ont pour but de développer la force musculaire : c'est un *travail forcé localisé.*

Mais si l'on veut obtenir des effets hygiéniques, il faut procéder, si l'on peut s'exprimer ainsi, *par synthèse.* Loin de chercher les efforts locaux, il faut donner la préférence aux exercices qui généralisent le travail, et y font participer le plus grand nombre de muscles. On associera ainsi les grands organes internes à l'exercice, et l'on obtiendra les effets généraux du travail sans imposer une très grande fatigue aux muscles.

C'est pour cela que depuis quelques années on a introduit la course et le saut dans tous les gymnases. Ces exercices sont en réalité la partie vraiment hygiénique de la leçon de gymnastique. On peut y adjoindre la lutte. Ces trois exercices étaient les principaux chez les Anciens, Grecs et Romains. Or, on connaît toute l'importance qu'avaient chez eux les exercices physiques. On tend à y revenir : les jeux de plein air sont à la mode, avec juste raison, dans tous les établissements d'éducation.

Dans certaines infirmités, l'exercice ainsi compris peut être le seul traitement efficace ; par exemple : quand un sujet a la poitrine étroite et les côtes rentrées, si c'est un garçon l'exercer à la course, si c'est une fille, la faire sauter à la corde.

L'entraînement à la marche peut rentrer dans le cadre de ces exercices.

Le fait suivant est un exemple du bon effet général de la

marche. Un médecin militaire, pendant un séjour de six semaines dans les montagnes, a fait des exercices de marche progressivement augmentés, en notant la force de la main à l'arrivée et au départ à l'aide d'un dynamomètre. Il a noté une augmentation de 5 kilogrammes dans l'énergie de la pression à la suite d'un entraînement auquel les muscles qui ferment les doigts ne pouvaient avoir pris aucune part directe. Il ne faut pas perdre de vue qu'il y a incompatibilité au point de vue de l'hygiène, entre l'effort intellectuel et l'effort musculaire, qu'il ne faut donc pas les ajouter l'un à l'autre.

Les exercices militaires peuvent être considérés comme un travail forcé. L'état civil compte sans doute des professions très pénibles qui ne comportent pas moins de fatigues que ces derniers ; mais, l'ouvrier, celui de la campagne comme celui de la ville, ralentit ou accélère son travail à son gré, il se repose quand il veut, il s'habille comme il lui plaît, il se nourrit suffisamment ; bref, il assure l'équilibre par une adaptation spontanée et instinctive de ses efforts et de tous les actes de la vie aux exigences de l'organisme. Le soldat, sur le terrain d'exercice, en marche, en campagne, n'a pas le droit d'écouter la voie de l'instinct, il ne peut obéir qu'à celle du devoir. Il lui faut atteindre le but ou tomber dans les rangs, si l'art ne vient à son secours en temps utile.

Pendant les séances d'exercice, les causes de fatigue sont nombreuses pour le sujet ignorant, accoutumé à un travail grossier, machinal, presque mécanique, comme l'ouvrier des champs ou le journalier de la ville. A la répétition constante d'efforts musculaires d'autant plus violents qu'il est plus maladroit et plus ignorant, s'ajoute un travail cérébral intense. Chez lui l'effort est exagéré, l'attention sollicitée à l'extrême par crainte de mal faire et d'être réprimandé ou puni. Dans ces conditions, la fatigue arrive vite : si l'exercice se continue de la part d'un homme fatigué, les conséquences fâcheuses ne se font pas attendre. On connaît la fréquence des syncopes sur les rangs, soit à la fin d'une revue, soit au cours d'un exercice à rangs serrés dans une immobilité voulue, avec attitude commandée, c'est-à-dire avec un effort musculaire général prolongé.

En temps normal et à un degré modéré, le travail forcé produit de bons effets généraux chez la plupart des sujets, chez ceux du moins dont la constitution est bonne et qui n'ont pas de tare des organes importants, cerveau, cœur, poumons.

On a constaté que, chez les jeunes soldats de cette catégorie, au bout de la première année de service, l'augmentation de volume, de poids, de taille, de force musculaire est bien supérieure à celle que l'on constate d'une année à l'autre chez des sujets de même âge et vivant dans les mêmes conditions que les années précédentes.

Chez les sujets médiocres, au contraire, chez ceux beaucoup trop nombreux, hélas ! que les conseils de revision acceptent parce qu'ils ne présentent pas d'une façon évidente tous les attributs de la faiblesse de constitution, les effets du travail forcé sont désastreux. Ces hommes s'étiolent rapidement et finissent par mourir à l'hôpital, le plus souvent par suite de tuberculose aiguë, quand ils ne sont pas réformés assez tôt.

Chez les sujets dont le cœur n'est pas parfaitement sain, le travail forcé, les exercices militaires et les marches en première ligne, amène rapidement une altération de cet organe qui nécessite la réforme quatre fois sur cinq.

L'instruction militaire se fait, aujourd'hui, très rapidement ; elle s'exerce sur un plus grand nombre de très jeunes sujets qu'autrefois : beaucoup d'entre eux, sortis de la bourgeoisie ou des classes aisées, ne sont pas préparés par leur genre de vie antérieur au régime pénible du régiment. Par suite, les réformes pour débilité générale, affections du cœur, suivent une marche ascendante continue.

Cette usure rapide par la vie militaire actuelle, chez les sujets insuffisants, les prédispose à la tuberculose ; chez eux, le milieu intérieur est souillé par les produits de déchet issus de l'excès du travail musculaire. Ce milieu se trouve ainsi adapté à l'évolution de certains germes morbides. On a soumis des rats à l'exercice forcé dans une roue-cage où ils accomplissent, en tournant, 60 kilomètres en quatre jours ; après cette épreuve, ils sont tués par une injection sous-cutanée de culture atténuée de charbon, à laquelle ils résistaient très bien au repos.

Autre expérience : une culture atténuée de charbon bactérien, capable à peine de produire une lésion locale quand on l'injecte dans un muscle normal de cobaye, donne la mort promptement si ce muscle a été soumis, au préalable, à une légère contusion ou à une injection interstitielle d'acide lactique. Or, on sait que la *fatigue* réside précisément dans ces deux conditions organiques, à savoir : 1° contusion et tiraillement du muscle déterminés par le travail ; et 2° accumulation de matières de déchet, notamment de l'acide lactique, amenée par le travail. Il se produit dans le premier cas une diminution dans la résistance des éléments organiques ; dans le second cas, des principes favorables à la pullulation des éléments parasitaires sont introduits dans le milieu intérieur.

Un physiologiste déjà cité, M. Mosso, de Turin, a réussi à prouver directement que la fatigue introduit dans le sang des substances toxiques ; le sang d'un chien, dans les conditions normales, peut être transfusé à un autre chien avec une complète innocuité, sans qu'aucun signe particulier se manifeste chez le chien transfusé ; or, si l'on fait une transfusion de cette nature en prenant du sang à un chien surmené, le chien transfusé se montre las et abattu et peut même être pris de vomissements.

Dans le chapitre relatif aux accidents pendant les marches, on verra plus en détail les effets du travail forcé ;

il en ressortira avec évidence que le métier du soldat en campagne est le plus pénible de tous, que c'est un travail forcé permanent.

2° *De l'entraînement.* — Ce mot s'applique à la préparation du cheval pour un but défini, la course : on l'a étendu à l'homme que l'on prépare à une fonction définie, par exemple celle de jockey, de coureur, d'athlète et de soldat apte à faire campagne.

La nécessité de l'entraînement dans ce dernier cas est aussi évidente que pour les précédents ; les règlements militaires le prescrivent.

En réalité, cet entraînement est mis en pratique autant que le permettent les nécessités d'une instruction très rapide, donnée simultanément à un très grand nombre de sujets de valeur différente au point de vue physique. Il permet de faire assez vite le choix des non-valeurs, mais il est trop rapide pour un certain nombre de sujets qui, mis à part, pourraient arriver au but que l'on se propose d'atteindre, mais dans un temps plus long.

L'entraînement consiste en une gradation ascendante dans la durée, la difficulté des divers exercices et les fatigues qui en découlent.

Il est impossible de faire campagne avec des troupes de nouvelle levée et surtout des troupes composées de jeunes recrues n'ayant jamais servi, si l'on ne leur fait subir un entraînement de quelques mois. La relation de l'expédition de Portugal en 1807 montre les désastreux effets de la fatigue sur une armée en marche depuis peu de jours et composée en très grande majorité de conscrits de 1807 mis en route aussitôt après leur incorporation. Quelle différence entre ces troupes et celles du camp de Boulogne réunies par Napoléon en vue de la descente en Angleterre ! Quinze mois d'exercices et de travaux continuels avaient soumis cette armée à un entraînement merveilleux dont les campagnes de 1805, 1806 et 1807 montrèrent les heureux résultats.

Quand Marius vint prendre le commandement des troupes romaines de nouvelle levée destinées à réduire les Cimbres qui menaçaient l'Italie, il commença par les soumettre à un entraînement régulier pendant plusieurs mois, leur refusant de les conduire à l'ennemi avant qu'elles ne fussent préparées.

Les bons résultats de l'entraînement se produisent vite chez les sujets bien conformés. Ainsi on a pu constater que pour 360 hommes exercés pendant deux mois on avait obtenu une augmentation de :

41 millimètres pour la circonférence thoracique ;
13 millimètres pour la circonférence de l'avant-bras ;
16 millimètres pour la circonférerce du bras.

On a cité plus haut un accroissement très marqué de la force musculaire de la main à la suite de marches accélérées.

M. Marey, le physiologiste bien connu, a constaté que chez des soldats soumis à l'entraînement du pas gymnastique accéléré la respiration avait augmenté d'amplitude et conservait cette amplitude même au repos, alors cependant que son besoin, pour lutter contre l'anhélation, ne se faisait plus sentir. De plus, après une longue course, l'anhélation, l'essoufflement se produisaient chez ces hommes entraînés bien plus tardivement et plus difficilement que chez ces mêmes individus avant l'entraînement.

Dans un remarquable mémoirè sur l'hygiène des bataillons alpins, M. le médecin-major Lèques constate la nécessité de l'entraînement pour ces troupes. « Dans les débuts, les hommes ressentent du brisement des membres inférieurs, simple effet de la fatigue musculaire ; ils éprouvent du malaise, rarement des vertiges, assez souvent de la lenteur dans la digestion. Tous les ans, après quelques reconnaissances, ces symptômes disparaissent, et tout se borne à de la gène dans la respiration et la circulation, gène imputable au port du sac et de l'équipement dans les montées. Il faut

ajouter que ces troupes sont portées par des étapes succes-
sives à des altitudes de 600, 800, 1,500 et 1,800 mètres. »

Le médecin principal Coindet cite le 95° d'infanterie
comme ayant présenté au Mexique de nombreux cas de
syncope, d'épistaxis et même quelques cas d'hémorrhagie
cérébrale à une altitude de 2,000 mètres, alors que les hommes n'étaient pas habitués à la marche en montagne et au
poids de l'équipement.

L'entraînement est donc indispensable pour le soldat ;
cette nécessité, reconnue par les règlements particuliers à
chaque arme, est constatée par un document de première
importance, la loi sur les effectifs du 15 mars 1875, qui a ins-
titué la compagnie de 250 hommes sur le pied de guerre.
Dans l'exposé des motifs de cette loi, on prévoit que huit
jours après l'entrée en campagne, ce chiffre de 250 sera
réduit à 200 ou 180, c'est-à-dire que la compagnie aura
perdu le cinquième ou le quart de son effectif.

C'est un fait d'expérience connu de tous les militaires.

M. le professeur Kelsch, du Val-de-Grâce, disait, il y a
quelques jours, dans une de ses leçons : « Ce déchet inévitable se compose de tous les hommes blessés par la marche
ou l'équipement au grand complet, mais surtout des chétifs,
des malingres, des sujets atteints de tuberculose ou de maladie du cœur latentes, en un mot de tous ceux qui pouvaient
jusqu'à un certain point résister aux fatigues du service
ordinaire, mais qui, marqués d'une tare pathologique quelconque, fléchissent sous les premiers efforts de la concentration. L'épuration se continuera pendant une huitaine de
jours encore et réduira, en fin de compte, l'effectif à 150 hommes. Ceux-là, exempts de toute prédisposition morbide,
d'une constitution robuste suffisamment éprouvée par ces
premières fatigues, feront la campagne ; ainsi quinze à vingt
jours auront suffi à éliminer les deux cinquièmes de l'effectif,
et l'on ne s'est pas encore battu ! »

Ces prévisions sont peut-être un peu pessimistes : on peut

espérer que le triage fait au départ dans les corps de troupe, triage prescrit par tous les carnets de mobilisation des médecins des corps, réduira fort ce déchet, et que les bons effets de l'entraînement permanent pour la troupe le réduiront encore.

Cet entraînement du temps de paix prépare les soldats à mieux supporter les fatigues inévitables à la guerre, les extrêmes de température et les privations. Mais il ne faut pas aller trop vite, et le proportionner à la résistance de la moyenne des hommes. Il faut encore, dans les exercices d'entraînement, tenir compte du milieu, des circonstances de température, du lieu, de l'état moral des hommes. Ce qui s'est passé en 1885 au camp du Pas-des-Lanciers pour la division de réserve de l'armée du Tonkin est un exemple à ne pas perdre de vue.

Les fatigues d'un entraînement ordinaire ont été fortement aggravées par l'habitation sous la tente par une température très élevée, et l'état moral des hommes réunis en hâte de tous les points de la France. Ces influences ont provoqué dans cette division l'explosion d'une épidémie de fièvre typhoïde née sur place par surmenage général. Sur 8,500 hommes, il y a eu 2,902 entrées à l'hôpital en soixante-quatorze jours.

La relation de cette épidémie faite par le médecin chef de la division ne laisse aucun doute au sujet de la cause.

Il n'y a pas lieu de tenir compte dans ce cas du déchet inévitable au départ, car tous les hommes avaient subi une sélection, et avaient été déclarés aptes à faire campagne, chaque régiment ne fournissant que deux faibles bataillons complétés par des détachements d'autres corps. Les troupes avaient été transportées en chemin de fer au Pas-des-Lanciers.

Ce remarquable mémoire montre clairement comment la fièvre typhoïde naît dans les camps et aux armées, sans que l'élément virulent ou contagieux intervienne au début pour produire les premiers cas.

Il y a toujours chez les premiers malades et dans la plupart des cas par la suite, *autoinfection* par le miasme humain non extériorié, c'est-à-dire non éliminé. Si l'on recherche les causes qui peuvent produire l'autoinfection, on les trouve dans l'ensemble des circonstances dites banales, et dans la résultante des troubles physiologiques auxquels on a donné le nom de *surmenage*. C'est, comme le dit l'illustre professeur Peter, l'*autotyphisation* par excès de fatigue.

« Ces expressions de surmenage et excès de fatigue, dit le médecin-chef dans son mémoire, ne visent pas seulement le travail imposé aux troupes de la division ; il faut entendre par là l'état de dénutrition résultant de fatigues morales et physiques, d'insuffisance d'alimentation, de changement de milieu, de chaleur, etc., etc., conditions obligatoires de la vie des camps et qu'on retrouve chaque fois que des hommes jeunes, insuffisamment rompus à la vie militaire, quittent le confort relatif de la garnison pour la vie en campagne où ils sont moins bien couchés, mal abrités, moins bien nourris, où l'état moral est moins calme, tourmenté par les préoccupations de la guerre et l'incertitude du lendemain. »

Les épidémies de fièvre typhoïde observées dans le Sud-Oranais, en Tunisie, à la fin de certaines grandes manœuvres, prouvent combien le surmenage en favorise l'éclosion quand il ne la provoque pas à lui seul.

En 1870, dans les hôpitaux de la place de Metz qui recevaient tous les malades de l'armée campée autour de la ville, un des médecins traitants n'a pas observé de cas de fièvre typhoïde jusqu'au 10 septembre environ. Dès lors, sous l'influence de la misère physique et morale, la maladie s'est développée, elle a pris rapidement une allure épidémique, atteignant un grand nombre de sujets. Sur 180 lits de son service de fiévreux à l'ambulance du magasin d'artillerie, il a eu, le 20 octobre, jusqu'à 62 malades de cette catégorie.

La mortalité a été énorme en raison surtout des très mau-
vaises conditions d'alimentation où se trouvaient placés les
malades convalescents. Ces observations l'ont amené à conclure que cette grave épidémie est née sur place par autotyphisation.

Cette quasi-digression, un peu trop médicale peut-être,
pourra permettre au lecteur de voir quels sont les facteurs
les plus importants pour conserver le bon état de santé d'une
troupe même entraînée.

———

# CHAPITRE II

*Vêtement.* — Ce n'est pas ici le lieu de faire la critique du
vêtement militaire. On se bornera à donner quelques indica-
tions sur la manière la plus hygiénique de l'utiliser tel qu'il
est.

Le *képi* est une bonne coiffure, à condition qu'il soit ample,
à visière large et muni de ventouses en bon état laissant
circuler l'air. Pour aller aux manœuvres de quelque durée,
il doit être neuf ou presque neuf, car un drap usé laisse
passer l'eau. Le plus grave inconvénient du képi est de ne
pas protéger la nuque contre le soleil ou la pluie. Le soldat
y supplée en fixant le mouchoir déroulé sous le képi, ou
enroulé autour du cou : il est utile de ne pas contrarier cet
usage.

Le port, soit simultané soit alternatif, de la *veste* et
de la *capote* permet de parer à toutes les variations de la
température. Le collet de ces vêtements doit être assez
ample pour éviter la constriction du cou, facilitée par la
présence de la cravate. Cette constriction entrave la circulation et la respiration. Pendant les marches, la cravate
pourrait être retirée sans inconvénients. Par les temps
chauds, on prescrit en général de dégrafer et même de
déboutonner la veste et la capote sur une certaine hauteur.
Même observation pour les poignets de ces vêtements :
on voit du reste, pendant les marches, les soldats renverser
le bas des manches, y compris celles de la chemise. Il n'y a
pas de bonne raison de les en empêcher.

Le *pantalon* peut être la cause de petits bobos nécessitant une indisponibilité de plusieurs jours s'il n'est pas assez ample au bassin, surtout s'il est trop collant de l'entre-jambes.

Après de nombreux essais, on est revenu au pantalon tout simple, tombant librement sur la chaussure, qu'on peut retrousser s'il y a lieu de le faire, par exemple pour éviter la poussière ou la boue.

*Chaussure.* — Le maréchal Niel disait avec raison que « les souliers ont pour l'infanterie l'importance qu'ont les chevaux pour la cavalerie ». La variété des chaussures est grande ; toutes ont du bon, depuis la simple enveloppe de peau jusqu'à la botte prussienne, puisque toutes ont été portées comme chaussure générale dans de grandes armées pendant des campagnes de plusieurs années de durée ; mais il est certain qu'en cela comme en toute chose le progrès continu donne la supériorité.

On a pu constater, lors de l'insurrection algérienne en 1871, sur les troupes de nombreuses colonnes en marche que le godillot avec une haute guêtre en drap munie d'un large et solide sous-pied est une bonne chaussure ; mais le brodequin réglementaire actuel lui est supérieur. Fait sur mesure, il serait à peu près sans reproche. Il paraît aussi supérieur à la botte. Il est cependant à remarquer que les habitants de la campagne du plateau central, grands marcheurs en général, portent la botte. On peut citer des courses de 80 et 90 kilomètres faites par des paysans avec leurs lourdes bottes sans entraînement préalable et comme chose toute simple.

Une intéressante remarque du médecin-major Lèques, dans le travail déjà cité, vient à l'appui de ce qui précède. « Dans la marche en montagne, la partie antérieure du pied et le talon supportent successivement le poids du corps. En raison des accidents continuels du terrain, le pied passe à chaque instant par une série de positions intermédiaires entre ces deux attitudes extrêmes : point d'appui sur la partie antérieure du pied et point d'appui sur le talon. Ce mécanisme de la marche a pour première conséquence une diminution très considérable et, pour ainsi dire, la suppression des excoriations. Les points de contact du pied avec le sol variant en effet incessamment, ceux de la chaussure avec le pied varient dans la même proportion. Il en résulte que, la circulation se faisant mieux, la peau présente une résistance plus grande sur toute sa surface ; de plus, elle n'est pas exposée à ces frottements nettement localisés qu'exercent certains points du cuir, toujours les mêmes, pendant les étapes en plaine, et qui aboutissent fatalement à l'excoriation. Tous les ans, pendant six années consécutives, nous avons fait cette observation à propos des éclopés : nombreux pendant les marches de l'aller, sur les routes, ils devenaient rares et finissaient par disparaître à peu près pendant les manœuvres en montagne, pour reparaître en assez grand nombre lors des marches de retour, période cependant où l'entraînement avait été poussé jusqu'à ses dernières limites ».

D'autres observateurs confirment cette appréciation. M. le lieutenant-colonel Paquié, du 140° d'infanterie, dans une étude sur la marche en pays de montagne, dit textuellement que ces marches ont l'avantage très positif et très remarquable de supprimer les blessures aux pieds.

Il est à remarquer que les excoriations pendant les marches se produisent dans toutes les catégories, anciens et jeunes soldats, réservistes, hommes exercés et non exercés. La disposition aux excoriations est donc individuelle ; elle réside dans la constitution même du pied, pied gras, à peau fine facilement baignée de sueur par l'exercice ; elle est favorisée par les longues étapes sur route en plaine.

On connaît les conditions d'une bonne chaussure, ainsi que la nécessité de son entretien par un graissage fréquent. Il est à prévoir qu'en campagne les mixtures en usage actuel feront souvent défaut et qu'il faudra se contenter des différents corps gras que l'on trouvera sous la main. Tous peuvent être utilisés, depuis la graisse pour machines jusqu'au beurre, à l'huile et au jaune d'œuf.

Il faut aussi soigner les pieds. Sans entrer dans le détail des prescriptions souvent contraires émises à ce sujet et sans les discuter, on peut dire que la meilleure chaussette est celle de laine assez mince, que la chaussette russe du soldat est un pis-aller meilleur que la privation de chaussette, que les lavages des pieds doivent être très sommaires et consister plutôt en une friction rapide avec une éponge ou un linge imbibé d'eau tiède ou presque chaude additionnée d'un sixième d'alcool ou d'eau-de-vie, que le graissage avec du suif de mouton est très utile pour les parties échauffées par le frottement.

*Chargement.* — Le point capital dans cette rapide revue des conditions de la marche chez le soldat consiste dans l'étude du chargement.

De tout temps, dans toute armée, le soldat à pied a dû porter une lourde charge constituée par les armes et leur approvisionnement de projectiles, les vivres et les ustensiles de cuisine, les moyens de couchage et d'abri, les vêtements, les outils.

Il semblerait que les moyens de transport ou voies de communication, rudimentaires ou nuls aux temps anciens, motivassent cette charge plus impérieusement qu'aujourd'hui ; il n'en est rien.

Malgré le perfectionnement inouï des moyens de transport et des voies de communication à notre époque, la charge du fantassin reste toujours une nécessité inéluctable.

Ce n'est pas ici le lieu de le démontrer, la question sortant du programme de cette courte étude. Il y a du reste réaction contre les tendances contraires, puisqu'il est question de rétablir la tente-abri.

M. Lèques a fait au sujet du chargement une étude très complète dont voici quelques chiffres. La charge moyenne totale du chasseur alpin en 1886 était de :

> 29 kil. 313 gr. en manœuvres.
> 30 kil. 600 gr. en campagne.

Dans ce chargement figurent :

> La toile de tente avec piquets, pour......... 1ᵏ,890
> La couverture, pour ....................... 1ᵏ,580
> Total........ 3ᵏ,470

On a pesé tous les objets énumérés dans la circulaire du 6 juin 1890, sur la tenue des troupes en campagne, comme faisant partie du chargement réglementaire du soldat d'infanterie. Pour une pointure moyenne, le poids est de 26 kil. 783 gr. ; avec la couverture et la tente-abri, de 30 kil. 253 gr.

Il est à remarquer qu'avec cet énorme chargement le soldat n'a qu'une seule paire de chaussures, car le godillot ou soulier de repos ne sera qu'un pis-aller. Avec des guêtres de toile et un médiocre sous-pied il sera très vite mis hors de service s'il est appelé à remplacer le brodequin comme chaussure journalière pour les marches.

Il n'y a pas à discuter sur la nécessité plus ou moins démontrée de chacun des objets qui figurent dans ce chargement, puisqu'il est réglementaire ; on sortirait ainsi du sujet. Nous nous bornerons donc à en étudier la répartition.

En principe, le chargement doit prendre son point d'appui le plus près possible du centre de gravité, ce qui, pris au pied de la lettre, obligerait à tout porter à la ceinture. En pratique, comme le poids total à porter est représenté par un grand nombre d'objets, on a dû diviser ce poids entre les épaules, le dos et la ceinture.

Si le poids des objets portés à la ceinture est considérable, l'effet de la pesanteur qui tend à faire descendre le lien

de suspension de ces objets oblige à serrer le ventre outre
mesure, ce qui présente un grave inconvénient pour la respiration. Les organes mobiles situés dans l'abdomen étant
refoulés par le lien de suspension, ne peuvent trouver
place que dans le haut de l'abdomen, aux dépens du libre
jeu du diaphragme. Le volume d'air introduit à chaque inspiration se trouve ainsi sensiblement diminué. L'inspiration
est déjà gênée par les liens qui maintiennent la portion du
fardeau placée sur les épaules et surtout sur le dos, les
côtes ne pouvant effectuer aisément le mouvement de
demi-rotation qu'elles doivent accomplir à chaque inspiration.

Le nouveau système de suspension des cartouchières est
un progrès manifeste ; le fardeau du dos est diminué du
poids de la moitié des cartouches autrefois placées dans le
sac. Le poids total des cartouchières et de leur contenu se
trouve ainsi réparti entre les épaules et la ceinture.

Le fardeau du dos est le plus gênant ; c'est celui qu'il
faut chercher à diminuer.

Avec le nouvel équipement le poids total est réparti assez
logiquement.

| | |
|---|---|
| Effets sur l'homme, objets divers | 6$^k$,460 |
| Objets portés à la ceinture et en bandoulière | 6$^k$,760 |
| Sac et son chargement | 9$^k$,273 |
| Fusil | 4$^k$,290 |
| Total | 26$^k$,783 |

Les bretelles de suspension des cartouchières sont larges
au niveau du point d'appui sur les épaules ; les courroies
de support du sac qui portent en ce point meurtriront moins
les épaules.

La diminution très sensible du poids du sac permet de
moins serrer les courroies et, par suite, de laisser plus de
jeu aux mouvements des côtes.

Le poids du sac est, en outre, allégé par le point d'appui
qu'il peut prendre sur la cartouchière postérieure. Les cour-

roies du sac, n'agissant alors que pour le maintenir en équilibré, n'ont pas besoin d'être très serrées.

On rentre ainsi dans l'application du principe « prendre le point d'appui du fardeau le plus près possible du centre de gravité ».

La liberté des mouvements respiratoires est essentielle pour le marcheur ; elle est fatalement entravée par le lourd fardeau que porte le soldat en campagne. Il faut donc réduire cette entrave au minimum et ne pas oublier qu'elle existe. Si l'on doit demander au soldat de faire des efforts extraordinaires ou lui faire supporter de grandes fatigues, il faut la supprimer autant que possible.

Le général Saussier allégeait les hommes de leur sac de la façon suivante : il installait sa colonne en plein pays ennemi, dans un camp bien choisi, et l'on partait de là pour faire presque tous les jours des sorties sans sac ni *impedimenta* avec le tiers, les deux tiers ou les trois quarts des combattants.

*Marche aux différentes heures, haltes, repos, alimentation.* — Toutes ces questions sont intimement liées, car c'est pendant les haltes et les repos que le marcheur se nourrit, en tenant compte des heures de la journée pendant lesquelles on marche.

Le choix des heures de marche est très important au point de vue de la fatigue ; en effet, si l'on marche pendant la grande chaleur, la fatigue se produit rapidement : elle se manifeste par de l'essoufflement et une abondante transpiration. Si l'on ne voit pas où l'on marche, l'équilibre n'est pas stable et la fatigue est doublée.

Il faut donc éviter autant que possible de marcher aux heures chaudes et cesser de marcher aux heures sombres.

Chacun peut trouver dans ses souvenirs personnels ou dans ses lectures, y compris les journaux, des exemples d'accidents graves, souvent mortels, survenus pendant des marches effectuées aux heures les plus chaudes de la journée ou lors de chaleurs exceptionnelles.

Il paraît donc raisonnable, en été, saison habituelle des marches, de s'arrêter de 10 heures à 2 ou 3 heures du soir si l'on doit faire une longue étape, et de partir à 3 ou 4 heures du matin si l'on doit faire une étape moyenne qui puisse être terminée à 10 heures.

Un exemple de marche de nuit des plus instructifs est le suivant.

Lors des grandes manœuvres de 1886, pendant les marches de concentration faites dans les premiers jours de septembre, la chaleur était exceptionnelle. A la suite de quelques accidents graves survenus en divers points de la France, le Ministre de la guerre prescrivit par télégramme d'arriver au cantonnement à 9 heures du matin. La $n^e$ brigade devait aller le 3 septembre de T... à P... (33 kilomètres). Par suite de circonstances particulières, la brigade, qui marchait depuis deux jours, n'avait pas pris de repos pendant les deux nuits précédentes. Le repos de la troisième nuit devenait une nécessité absolue pour la troupe. Par crainte de ne pouvoir se conformer strictement aux ordres du Ministre au sujet de l'heure d'arrivée, le général fixa le départ à 11 h. 30 du soir, par une nuit très sombre. La brigade n'arriva à P... qu'à 10 h. 1/4.

La fatigue de la troupe était excessive ; elle avait nécessité une halte prolongée de plus de deux heures, vers 5 heures du matin. Cette fatigue avait été exaspérée par un défilé de 1,500 mètres de longueur au pas cadencé dans les faubourgs et les rues de la ville à l'arrivée. Pendant la nuit, le nombre des traînards laissés en arrière était énorme, alors qu'on faisait à peine 3 kil. 500 à l'heure. A 15 kilomètres de P..., on dut embarquer en chemin de fer une vingtaine d'hommes incapables de continuer l'étape, le convoi n'ayant plus de place disponible. Le jour même, à P..., un des régiments envoyait d'urgence cinq hommes à l'hôpital et dix-

sept autres au dépôt ; sur ces dix-sept, cinq entrèrent à l'hôpital. Le lendemain de cette marche, les manœuvres com-
mencèrent sans repos pendant neuf jours. La fatigue des
troupes était grande ; elle entraîna un déchet extraordinaire.

En octobre 188..., arrivait à Laghouat un bataillon de
zouaves comptant, comme toujours, de nombreux engagés
volontaires âgés de 18 à 20 ans. Pour éviter la chaleur, le
commandant avait fait marcher le bataillon pendant les
nuits. Les hommes étaient exténués ; au bout de quelques
jours il y eut des cas de fièvre typhoïde alors que la maladie
n'existait pas dans la garnison. Il y eut cinq décès en deux
mois. Dès que le bataillon fut reposé, remis de ses fatigues,
la maladie disparut.

*Haltes.* — Dans une très remarquable étude sur la marche, le lieutenant-colonel de Pouvourville dit ceci : « Les règlements militaires prescrivent une halte horaire de dix minutes par heure ; on emploie bien près de deux minutes à for-
mer les faisceaux et à les rompre, à déposer et à reprendre
les sacs, à reformer les rangs, ce qui fait moins de quarante-
neuf minutes de marche par heure. L'homme qui aura marché en terrain plat ou qui aura descendu sur un terrain dou-
cement incliné pendant ces quarante-huit minutes n'aura
pas besoin de halte. Celui qui aura monté pendant ce temps
aurait besoin de plus d'une halte.

« La fréquence et la durée des haltes ne doit donc pas
être mesurée au temps pendant lequel on marche, mais au
genre de terrain que l'on parcourt. »

Cette observation peut s'appliquer à la marche d'une
troupe peu nombreuse, d'une unité, compagnie, bataillon
ou régiment ; mais il est bien évident qu'une colonne composée de plusieurs corps ne peut marcher ainsi sans règle
fixe pour les haltes ; aux manœuvres ou en campagne, cette
nécessité est encore plus évidente.

Pendant les longues montées, la halte horaire est insuffi-
sante. En principe, on doit s'arrêter lorsque la respiration

s'accélère outre mesure, s'arrêter peu, le temps nécessaire pour reprendre son souffle et reposer un peu les muscles.

M. de Pouvourville est d'avis que, si l'on n'écoute pas la paresse des jambes, la halte ne doit pas dépasser, en quelque occasion que ce soit, le maximum de cinq minutes; mais il faut alors faire dans la journée, pour les marches de longue durée, une halte bien plus longue que les grandes haltes ordinaires.

Il a raison en ce qui concerne les marcheurs isolés ou réunis en petite troupe, peu chargés, entraînés et choisis. Mais, pour une troupe qui comprend en majorité des sujets ordinaires, toujours plus chargés qu'il ne convient pour leur force ou leur degré de résistance, la halte horaire de dix minutes est excellente à tous les points de vue, surtout en raison de l'allègement momentané de la charge du sac et du fusil. Il est en effet nécessaire que pendant cette halte les hommes se débarrassent du sac et du fusil; s'ils ne le font pas, ils ne peuvent entièrement reprendre haleine, ce qui est le but essentiel de la halte.

Elle permet en outre aux hommes de réparer les petits désordres survenus dans le vêtement et l'équipement, ou d'y apporter quelques modifications justifiées par l'état du ciel ou les changements de la température, de satisfaire leurs besoins naturels, de manger quelques bouchées; pour tout cela, dix minutes ne sont pas de trop.

La halte horaire est bien vue des hommes; elle est souvent attendue avec impatience et bien utilisée en général.

Dans toute marche de plus de 20 kilomètres, on fait, en principe, une grande halte d'une heure de durée environ, aux 2/3 ou aux 3/4 de la course autant que possible.

M. de Pouvourville critique cet usage; il est d'avis de s'arrêter longtemps dans les rares occasions où l'arrêt est nécessaire. Il propose une halte d'une durée égale à la moitié du temps employé à marcher; en cas d'efforts prolongés, il propose une durée égale aux 2/3 ou même à la totalité de celle de la marche. Il peut avoir raison pour des marcheurs de profession, des touristes, pour tous ceux qui n'ont pas à préparer le repas à l'arrivée et le cantonnement ou le bivouac. Pour une troupe de quelque importance, le principe d'arriver le plus tôt possible au cantonnement nous paraît plus juste. On a vu des fantassins arrivant au cantonnement à la nuit après une journée très pénible ne pas chercher à préparer un simple repas de viande de conserve et se coucher où ils pouvaient pour s'endormir d'un profond sommeil. Une grande halte d'une heure est donc suffisante.

On peut toujours marcher dans nos contrées même aux heures chaudes de la journée ; il n'y a qu'à modérer l'allure pour permettre aux plus faibles et aux plus fatigués de suivre sans être exténués, et qu'à multiplier les haltes horaires en les effectuant en des points bien choisis, bien aérés et ombragés si l'on peut en trouver.

Il faut, en effet, éviter d'exposer à un soleil ardent, dans une vallée encaissée, des hommes fatigués, par crainte de voir se produire des cas de coup de chaleur.

*Le repos* quotidien est nécessaire pendant les marches ou en campagne : il ne faut le supprimer, du moins en totalité, qu'en cas de force majeure. La privation du repos ou son insuffisance continue amène vite la déchéance générale de l'organisme, plus vite même que la fatigue seule. Si les deux causes s'ajoutent, le surmenage aigu ne tarde pas à se produire avec toutes ses conséquences.

On doit respecter le sommeil du soldat dans la limite compatible avec le but à atteindre.

S'il doit y avoir privation de ce chef, qu'elle soit répartie le plus équitablement possible sur tout le monde.

Ce repos quotidien est insuffisant : les règlements prescrivent un jour de repos après trois jours de marche ou de manœuvres ; cette prescription est fort sage.

Ce repos est nécessaire pour la majorité des soldats, sujets ordinaires, qui peuvent fournir un travail modéré pen-

dant un temps assez long, avec quelques précautions hygiéniques.

Ce repos est, en outre, très utile pour l'entretien des vêtements et de l'équipement, le lavage du linge et des effets.
On ne doit le supprimer qu'en cas de force majeure. Les per-
nicieux effets de sa suppression pour la $x$... brigade en
188... viennent à l'appui de notre opinion sur ce point d'hygiène militaire.

On peut supprimer ce repos en cas de marche accélé-
rée, pour amener plus vite une troupe sur le terrain de combat. Au mois d'avril 1871, un bataillon du 3º de tirailleurs
est allé de Constantine à Sétif en quatre jours (127 kilomètres). Ce bataillon, composé d'hommes rentrant d'Allemagne
et de nouveaux engagés, n'était pas entraîné. La marche
s'est effectuée sans accident, sans laisser d'hommes en
arrière, malgré la chaleur exceptionnelle et la privation du
repos le quatrième jour, grâce à la précaution prise par le
commandement de faire porter tous les sacs à la suite de la
colonne.

Dans le même ordre d'idées, nous citerons encore un fait
inédit : Au mois d'octobre 188..., un médecin militaire de la
garnison fut invité à donner son avis sur les précautions à
prendre à l'égard d'un détachement de 72 hommes du 2ᵉ bataillon d'Afrique appelé à se rendre en sept jours de Laghouat
à Médéa et, de là, s'embarquer pour le Tonkin. Il y avait
360 kilomètres à parcourir. 20 chameaux furent mis à la disposition de ce détachement pour transporter en permanence
vingt hommes et tous les bagages, y compris les sacs.

De cette façon les hommes ne portaient que leur fusil et
faisaient tous de 15 à 20 kilomètres par jour à dos de cha-
meau, sur les 50 kilomètres parcourus quotidiennement en
moyenne. Le détachement arriva à Médéa à la date pres-
crite, sans avoir fait de repos et sans avoir laissé un homme
en arrière.

Ces deux faits prouvent que si l'on veut s'écarter du règlement il ne faut le faire qu'en prenant toutes les dispositions nécessaires pour diminuer la fâcheuse influence de la suppression du repos du quatrième jour.

*Alimentation pendant les marches.* — Les idées émises sur ce point par M. de Pouvourville paraissent fort justes : le repas dépend à la fois des heures de marche et des heures de halte ; mais, à quelque heure que l'on prenne les repas de la journée, à part celui que l'on fait une fois arrivé au gîte, on ne doit jamais manger à satiété. L'opération de la digestion demande un repos des autres fonctions du corps, proposition assez exactement rendue par l'aphorisme suivant : « On a dix fois moins de peine à porter son déjeuner sur son dos que dans son estomac. »

Il faudrait donc ne pas manger pendant la marche, ou digérer avant de la reprendre. D'autre part, il est impossible, si l'on ne mange pas sérieusement, de fournir une course sérieuse pendant un ou plusieurs jours de suite.

Dans une série de recherches, au sujet de l'influence du jeûne et de l'alimentation, sur la fatigue musculaire, les tracés obtenus pendant le jeûne avec l'ergographe (1) ressemblent beaucoup à ceux obtenus chez un homme fatigué, au point que l'on pourrait les confondre. Mais la faiblesse musculaire consécutive au jeûne se reconnaît à la rapidité avec laquelle elle disparaît dès qu'on prend de la nourriture. Au contraire, dans la fatigue nerveuse (travail cérébral, par exemple) et dans celle qui succède à la veille et aux marches forcées, la nourriture n'a qu'une faible influence réparatrice. Il faut beaucoup plus de temps pour que le muscle se restaure, et le sommeil est indispensable.

Le moyen de tout concilier, y compris les prescriptions des règlements concernant la durée des haltes, est de manger peu et à plusieurs reprises jusqu'à l'arrivée, où l'on peut manger beaucoup.

---

(1) Instrument cité à la page 6.

Un léger repas est très utile le matin pour ne pas laisser surprendre par la fraîcheur l'organisme à jeun. Il est à remarquer que tous les gens qui se livrent à un travail pénible, agriculteurs, ouvriers, artisans, mangent peu de temps après le réveil. A ce repas, il faut prendre autant que possible des aliments liquides, chauds, dont l'absorption est rapide et ne nécessite pas un travail de digestion prolongé. Avec ce genre d'aliments on dilue les sucs acides de l'estomac. La dépense presque unique de l'organisme pendant le sommeil consiste dans l'eau éliminée par les poumons, par la peau, par les reins. C'est donc cette eau qu'il importe surtout de restituer le matin à l'organisme par une alimentation liquide. Une copieuse infusion de thé chaude prise avant le départ ou à l'arrivée après une marche pénible est un réconfortant hors de pair. Dans tous les récits d'exploration, aux pôles comme sous les tropiques, il est fait mention de l'infusion de thé comme boisson de nécessité, supérieure à toutes les autres.

Puisque le microbe est à la mode, nous ajouterons qu'en cas d'épidémie ou si l'on a quelque raison de suspecter la qualité de l'eau de boisson, l'usage de cette infusion est le meilleur des préservatifs, l'ébullition détruisant tous les germes, stérilisant l'eau en un mot. L'usage du café est général dans l'armée française; c'est une bonne pratique. Les officiers doivent veiller à ce que les hommes prennent le café avant le départ et leur laisser prendre un café supplémentaire pendant la route si l'occasion se présente.

Après deux ou trois heures de marche, selon l'heure du départ, on peut faire un deuxième petit repas; la meilleure boisson à prendre alors est un verre d'eau fraîche, dans nos contrées surtout, où l'eau est en général très bonne.

Le repas de la grande halte doit être succinct : comme le dit le général Lewal, le repas du matin, aux manœuvres et en campagne, doit être un repas individuel, léger, pris de bonne heure dans un moment favorable; le repas du soir peut alors être copieux, surtout pour l'homme à pied, et il sera bien digéré si l'estomac n'a pas été surchargé mal à propos le matin.

L'altération est un des effets ordinaires de la marche, comme de tout travail forcé. Le faucheur et le moissonneur aux champs boivent beaucoup d'eau sans en être incommodés. De même en marche, plus le soldat est fatigué, plus il a chaud par suite de l'échauffement mécanique résultant du travail musculaire, plus il respire vite pour lutter contre cet échauffement et plus il perd de vapeur d'eau par l'exhalation pulmonaire et par l'exhalation cutanée. Chacun sait, par expérience, combien celle-ci peut être abondante, même par une température peu élevée, à la suite d'un travail forcé.

Cette exhalation pulmonaire est le seul moyen de refroidissement pour le chien : quand il a très chaud, il est extrêmement essoufflé, et respire 150, 200 et même 300 fois par minute, tirant la langue, le long de laquelle l'eau ruisselle. Mais alors il est dévoré par la soif et vous le voyez rechercher l'eau avec avidité tout en continuant à respirer très vite. Il en est ainsi pour tous les animaux qui n'ont pas de glandes sudoripares, c'est-à-dire qui sécrètent de la sueur.

Dans tous les cas, c'est l'évaporation de l'eau soit par la peau, soit par les voies respiratoires, qui produit la réfrigération, et la soif est proportionnée à cette évaporation.

Ce procédé de réfrigération chez le chien a été démontré par l'expérience suivante : un chien normal exposé au soleil par une température élevée sans être muselé mais attaché, présente une température constante; il ne s'échauffe pas, mais il respire environ 300 fois par minute. Si l'on vient à lui fermer la gueule, sa respiration se ralentit par un effet mécanique et revient au type normal. La température de l'animal s'élève aussitôt pour atteindre 42° ou 43° : le démuselle-t-on, la respiration remonte au type de 300 par minute et la température revient à la normale.

D'autres expériences, d'ordre trop médical pour être rapportées ici, démontrent que cette réfrigération par la voie pulmonaire au moyen d'une respiration plus rapide, ou *polypnée*, ne peut se produire que si l'oxygénation du sang, fonction essentielle de l'acte respiratoire, n'est pas elle-même entravée.

Le travail forcé produit cette entrave par surproduction d'acide carbonique dans le sang.

Il faut, en outre, que les voies pulmonaires soient largement ouvertes ; le moindre obstacle suffit à empêcher cette polypnée préservatrice. Le rôle de cette polypnée est encore bien démontré par l'expérience suivante : si l'on entoure un chien de ouate, la température de l'animal n'a pas encore monté que déjà la polypnée est établie, car par le contact avec la ouate la peau est échauffée.

Ces notions de physiologie sont indispensables à l'exposition du mécanisme du *coup de chaleur ;* la soif ou besoin de boire plus qu'à l'ordinaire est donc le résultat du travail forcé. Tous les observateurs sont unanimes à reconnaître la nécessité de satisfaire ce besoin dans des limites raisonnables.

Il faut boire peu et souvent.

La meilleure boisson est l'eau de source rencontrée en route, c'est-à-dire fraîche.

Il faut éviter l'absorption immodérée d'eau fade, tiède, des spiritueux à forte dose ; ces derniers, pris en petite quantité, peuvent donner du ton à l'homme fatigué. Ils sont indiqués, pendant les temps froids, comme aliment combustible ; mais en temps ordinaire, et surtout par les temps chauds, ils ont l'inconvénient d'exciter la soif. Ils peuvent être utilisés pour couper l'eau de mauvaise qualité.

Le vrai vin, ou jus de raisin fermenté, est une bonne boisson, s'il est frais et pris en petite quantité. Pris à la hâte et en excès, il peut produire des accidents très rapides.

En 188.., après une marche prolongée avec revue, trois

sous-officiers d'infanterie furent pris d'une ivresse presque subite pour s'être amusés à boire à la régalade et d'un trait une bouteille de vin pendant une halte horaire au moment le plus chaud de la journée. Ils eurent une véritable indisposition qui nécessita leur transport immédiat sur le fourgon.

Les fruits désaltèrent très bien et d'une façon durable.

M. de Pouvourville dit, avec raison, que le soldat fume beaucoup trop en marche ; on fume bien assez pendant les haltes, et toujours trop en dehors de la dose qui suit le repas.

En ce qui concerne l'alimentation, la principale indication est celle-ci : faire manger le plus possible de viande fraîche aux hommes ; c'est l'aliment par excellence pour celui qui se livre à un travail forcé. L'argent du boni ne doit pas être employé en achats de boisson, mais en achats d'aliments et surtout de viande.

# CHAPITRE III

L'allure est déterminée par les deux éléments du pas : la longueur et la vitesse.

La longueur du pas se compte d'un talon à l'autre. Elle tient à la fente de l'homme, c'est-à-dire à l'écart naturel de ses jambes, écart proportionnel à leur longueur et à la contraction des muscles de la cuisse. Cette contraction est limitée par la longueur du pas maximum au delà de laquelle elle n'a pas d'effet utile. Cette longueur du pas maximum est fixée par celle des jambes.

En produisant le pas maximum, la contraction des muscles qui font agir le fémur est assez forte pour devenir pénible si elle se répète pendant un certain temps.

Le but de tout marcheur devant être de marcher le plus en fatigant le moins, il serait bon de considérer la longueur du pas comme un facteur indépendant de la volonté, changeant avec chaque sujet et constant chez chacun d'eux. Ceci étant admis comme principe, on a cherché à établir un rapport entre la hauteur sur jambes d'un homme et son pas (pas naturel bien entendu). On a trouvé que la longueur normale du pas d'un homme ne dépasserait jamais sensiblement les 6/7 de sa hauteur sur jambes, et qu'on pourrait considérer comme excessive toute longueur qui serait notablement supérieure à cette limite.

En général, chez l'homme la fente tient à peu près la moitié de la hauteur du corps ; d'où, pour le pas de $0^m,75$ réglementaire dans l'armée française, une taille de $1^m,75$, bien supérieure à la moyenne, qui oscille entre 1ᵐ,65 et 1ⁿ,66. Le pas de 0ᵐ,70 serait plus convenable. Mais, d'après ce qui précède, on comprend que le pas cadencé, c'est-à-dire uniforme, à quelque cadence que ce soit, est une allure fatigante pour une troupe, et qu'il faut en user le moins possible.

Tous les officiers ont vu tomber des hommes à la fin des marches, par les temps chauds, en arrivant au quartier ou près du quartier pendant une marche d'une certaine durée au pas cadencé à l'intérieur des villes. Ces hommes fatigués auraient pu arriver jusqu'au quartier en marchant à leur gré, mais la fatigue du pas cadencé les achève, et ils tombent en route ou à l'arrivée.

Ces accidents s'observent surtout chez des hommes de petite taille, obligés de se forcer pour suivre la cadence. Comme le dit M. de Pouvourville, *la longueur du pas est une chose personnelle et non soumise à une réglementation quelconque.* Les plus fendus marcheront plus vite que les petites jambes si ces dernières ne font intervenir un nouvel élément, l'accélération dans la vitesse du mouvement. C'est ce qui se passe pendant les routes, où chacun marche à sa guise, à son pas, en répétant plus ou moins souvent ce pas pour suivre la colonne.

Il a été démontré, à la suite de nombreuses expériences faites par des marcheurs, qu'en diminuant le pas de 1/14, par exemple de 0ᵐ,70 à 0ᵐ,65, on peut accélérer l'allure de 1/4 sans fatiguer l'homme sensiblement. C'est ce qui permet aux petites jambes de suivre les grandes sans se fatiguer.

M. de Pouvourville cherche à en tirer une démonstration justifiant l'allure de 5 kilomètres à l'heure au minimum pour la troupe. Il ajoute qu'un piéton peut encore augmenter sans difficulté cette vitesse ; mais, dans ses considérations, il ne fait pas la part assez grande à l'influence du chargement pendant la marche chez le soldat, et il oublie qu'il y a dans le rang autant de sujets ordinaires que de sujets vigoureux.

L'allure de 5 kilomètres à l'heure est exagérée d'une façon générale pour une troupe chargée.

Ainsi, le 15 septembre 189 , de C..... à N..... le $n^e$ régiment a pris une allure rapide dépassant 5 kilomètres à l'heure avant d'arriver à Saint....., à l'heure la plus chaude de la journée, par un temps chaud. Quand on s'est arrêté après une heure et demie de marche, les hommes, essoufflés, exténués même, qui se jetaient à terre en dehors de la route, devenaient nombreux, et, si la marche eût continué dans ces conditions, la colonne se serait désorganisée à la gauche. Les médecins ont donné des soins à une quinzaine d'hommes très fatigués.

De même aux manœuvres de 188.. Ce régiment a dû prendre une allure rapide pour aller d'A..... à Saint....., sur un chemin de traverse montueux et difficile où se produisaient de fréquents à-coups. En moins d'une heure huit hommes sont restés en arrière, essoufflés, hors d'état de marcher. Le médecin a dû les recueillir sur une voiture louée à la hâte, le train de combat n'ayant pu suivre le régiment.

Il est à remarquer que les montagnards ont le pas long et lent.

M. Marey, professeur de physiologie au Collège de France, a démontré par expériences qu'il y a un maximum d'accélération qu'il ne faut pas dépasser, sous peine de ralentir l'allure. En effet, plus on accélère la vitesse du pas, plus on diminue sa longueur. Il est donc évident qu'il y a un moment, et un seul, où ces facteurs donneront un produit maximum, et qu'en deçà comme au delà, le produit, c'està-dire l'espace parcouru dans l'unité de temps, sera moindre.

D'une façon générale, quand on veut accélérer l'allure ou faire des marches accélérées, c'est-à-dire de plus en plus longues à une allure assez rapide, il faut décharger le soldat. Les Allemands ont largement usé de ce moyen pendant la dernière guerre. Napoléon a fait de même pour transporter son armée du camp de Boulogne dans la forêt Noire. Plusieurs faits du même ordre ont été cités plus haut. 40 kilomètres pour un homme chargé marchant en troupe en valent bien près de 60 pour le piéton isolé et non-chargé.

Il vaut mieux prolonger la durée de la marche qu'accélérer l'allure ; avec une troupe un peu entraînée, on peut marcher pendant douze heures sur vingt-quatre.

*Des allures vives.* — Dans le pas, le corps porte toujours sur le sol par un point de l'un des pieds ; dans les allures vives, où il y a prise d'élan de tout le corps pour se porter en avant, il y a à chaque élan un instant où tout le corps est en l'air, sans point d'appui sur le sol. Dans ce dernier cas, le travail effectué est beaucoup plus considérable, et la fatigue se produit vite. Les contractions musculaires intenses et répétées amènent très rapidement les effets du travail forcé, la transpiration et l'essoufflement.

L'étude des allures vives sortirait du cadre de ce travail ; nous nous bornerons à faire remarquer que l'on doit les éviter autant que possible pour le soldat chargé et marchant en troupe. Il faut réserver le pas gymnastique comme exercice d'entraînement et en user avec modération, et considérer le pas de course comme une nécessité de circontance sur le champ de bataille.

# CHAPITRE IV

Le fait de marcher en nombre et à rangs serrés augmente indubitablement la gène et la fatigue du marcheur. Par les temps chauds, la chaleur est plus grande dans une colonne qu'à quelques mètres au delà.

Avec le vent arrière ou debout, la colonne marche dans un nuage de poussière des plus incommodes. De plus, le marcheur ne peut choisir son chemin; il est obligé d'aller droit devant lui en franchissant les obstacles ou d'allonger sa route s'il doit les tourner. Si la troupe est nombreuse et la route accidentée, il se produit des à-coups suivis d'une course précipitée pour les derniers rangs de chaque grosse unité. Les hommes se heurtent fréquemment entre eux.

Toutes ces causes augmentent la fatigue du marcheur. On peut y remédier en partie par une exacte discipline de marche, par le partage de la colonne en deux files de deux hommes de chaque coté de la route toutes les fois que la largeur de celle-ci le permet, par la tolérance de certaines pratiques qui ne portent pas atteinte à la discipline : porter le fusil à la main si l'homme le préfère, ne pas courir pour rejoindre sa place en cas de retard, attendre pour cela la halte horaire, placer le mouchoir sous le képi ou autour du cou suivant les cas, desserrer et même enlever la cravate, dégrafer et déboutonner en partie la capote, relever le bas des manches, n'user du pas cadencé qu'avec modération surtout à la fin des marches pénibles, ne contraindre en rien l'homme dans son allure et son attitude, n'exiger de lui qu'une chose :

suivre la colonne à son pas naturel et dans l'attitude qu'il adopte instinctivement.

*Accidents pendant les marches :* surmenage, coup de chaleur, congélation, etc.

M. de Pouvourville dit nettement que la fatigue seule est la véritable maladie du marcheur, maladie toujours à craindre ; c'est contre elle qu'il donne ses conseils d'hygiène.

Comme on l'a déjà vu, cette fatigue est plus rapide et plus grande chez le soldat par le fait du chargement et de la marche en troupe. Elle se manifeste plus facilement dans certaines circonstances : température élevée ou très basse, accélération de l'allure, difficultés de la route (sol détrempé, fortes montées ou descentes), privation de sommeil ou de nourriture ou même des deux à la fois. Elle produit rapidement le surmenage aigu si plusieurs de ces causes sont réunies ou par la persistance de l'une d'elles ; c'est alors qu'on peut observer les accidents aigus désignés en bloc sous le nom de *coup de chaleur.*

Les nombreuses observations publiées dans ces dernières années par les médecins militaires en France et à l'étranger ne laissent aucun doute à cet égard. Cette doctrine a reçu la consécration officielle dans un cours du professeur Kelsch, du Val-de-Grâce.

Les divers accidents produits par la fatigue pendant les marches sont classés par lui en « congestions actives et passives des organes, qui se manifestent par des maux de tête, des bourdonnements d'oreilles, des vertiges, une douleur lombaire intense ou rachialgie, des urines sanglantes ou hématurie, la syncope et finalement des convulsions épileptiformes. Chez les sujets faibles, névropathes ou dont le cœur est irritable, il se produit des accès de dyspnée forte, de la cyanose, des palpitations, de l'angoisse précordiale, de l'accélération avec faiblesse du pouls et du cœur malgré les battements tumultueux apparents. »

Ces accidents se produisent par toutes les températures.

Ils sont assez fréquents et s'arrêtent dès que la cause première disparaît, c'est-à-dire dès que l'homme cesse de marcher, est débarrassé de son équipement et de tous les vêtements qui peuvent le gêner, et est étendu à l'ombre et à l'air (s'il fait chaud).

« A un degré plus élevé, surtout si la marche s'exécute par un temps très chaud, si l'atmosphère est humide et calme, si, la soif n'étant pas satisfaite, la sécrétion cutanée et l'exhalation pulmonaire se tarissent, alors l'excès de la chaleur accumulée dans le corps par le fait du travail longtemps soutenu n'étant pas éliminé au fur et à mesure, la température du corps s'élève forcément, et, lorsqu'elle aura dépassé 41 degrés, l'homme, après avoir présenté quelques-uns des symptômes énumérés plus haut, tombe sans connaissance avec des convulsions générales ou locales. »

C'est là *le véritable coup de chaleur* au sens médical du mot.

Le 1er septembre 1886, entre Châlons et Sainte-Menehould, le médecin-major Géraud, de la 4e brigade de cuirassiers, a constaté de nombreux cas de syncope, d'indiposition sérieuse et même de coup de chaleur dont six très graves ayant nécessité la saignée générale, à la suite d'un *temps de trot allongé pendant 8 kilomètres* sous un soleil de plomb, sur une route poussiéreuse.

Dans sa relation il dit que, dans la série des phénomènes observés, la chaleur jouait la plus grande partie du rôle que la fatigue musculaire devait compléter.

L'excès de la fatigue est la cause prépondérante de ces accidents, comme le démontre la lecture complète de cette relation : les six cuirassiers qui ont été saignés sont tombés *fourbus*, s'il est permis de le dire.

Cet accident est assez rare ; un médecin militaire, ancien déjà, qui a marché bien souvent et pendant de longues périodes à la suite des colonnes d'infanterie, disait n'en avoir observé qu'un seul cas chez un soldat qui n'avait pas voulu monter sur la voiture d'ambulance malgré sa fatigue évidente : il tomba tout à coup dans le rang ; secouru aussitôt, il ne fut ramené à la vie qu'à grand'peine.

On peut observer souvent les cas moyens, surmenage aigu, n'arrivant pas jusqu'au coup de chaleur parce que le malade s'arrête de lui-même ou qu'on le force à s'arrêter. La respiration est haletante, sifflante, la face inondée de sueur, la démarche vacillante ; les membres sont abandonnés, flasques ; le malade marche pour ainsi dire automatiquement.

C'est de préférence au milieu du jour, par les temps chauds, qu'on observe ces cas. On a cité plus haut l'un des régiments de la $n^{me}$ brigade où ces accidents avaient été nombreux par une journée très chaude, entre 5 et 8 heures du matin, à la suite d'une période de marches et de manœuvres de douze jours avec fatigues croissantes, sans jours de repos. Malgré l'heure matinale, tous ces malades étaient inondés de sueur et très essoufflés ; ils avaient les pupilles dilatées, le teint plombé, la démarche d'un homme ivre. Grâce aux mesures prises pour les secourir, les ramener au cantonnement qui se trouvait fort heureusement être le même que la veille, il n'y a pas eu d'accident grave à noter. Deux jours de repos et une diminution très sensible à la fin des manœuvres dans les fatigues imposées aux hommes ont tout remis en ordre. Il n'y a pas eu d'entrée à l'ambulance ou à l'hôpital.

Ce qui précède permet de dire que, dans une troupe où chacun fait son devoir, chefs, commandants d'unités, médecins, des accidents graves, mortels, ne doivent pas se produire (1). Il est certain que si, dans le cas précédent, on avait voulu faire marcher les hommes malgré leur état de fatigue évident, il y aurait eu de nombreux cas de coup de

---

(1) Voir la note ministérielle du 1er août 1890, relative aux mesures sanitaires à observer pour l'exécution des marches et à la responsabilité des chefs de colonne.

chaleur sur les 150 traînards environ qui sont restés en arrière pendant les trois premières heures de la marche.

La connaissance de ces accidents est aussitôt répandue dans le pays entier par la voie des journaux et y produit le plus fâcheux effet, le public se rendant vaguement compte que ces choses-là ne devraient pas arriver. Le commandant et le médecin d'une troupe d'infanterie ont été rendus responsables, il y a quelques mois, du décès de trois hommes par suite de coup de chaleur.

Ces accidents se produisent plus facilement dans les marches en pays de montagne par suite de la fatigue plus grande qu'elles provoquent. Le médecin-major Lèques signale dans son étude le repos de cinq minutes toutes les vingt-cinq minutes comme réglementaire à la montée dans les bataillons alpins. Il insiste sur la nécessité de ne pas aller trop vite afin de ne pas désorganiser la colonne par suite de la fatigue, et en fin de compte perdre du temps au lieu d'en gagner.

Dans certaines circonstances, cette désorganisation peut se produire très vite et d'une façon inquiétante.

En voici un nouvel exemple inédit :

Le 24 septembre 1871, la colonne Saussier, forte de neuf bataillons, quittait Batna après quatre jours de repos, à 6 heures du matin, pour faire une étape de 32 kilomètres au moins. La chaleur était excessive. On marcha pendant une partie de l'étape en colonne de compagnies déployées sur un terrain nu, poussiéreux et à une allure assez rapide motivée par l'heure tardive du départ, le retard de quelques unités, et l'impatience des chevaux au repos depuis quatre jours. Vers 10 heures, bien avant la grande halte, le médecin d'arrière-garde n'avait plus de moyens de transport pour débarrasser de leur sac les hommes fatigués, incapables d'aller plus loin. On n'avait pas trouvé d'eau et on ne devait guère en trouver avant la halte du soir. Il fit prévenir le chef d'état-major que la colonne se désorganisait à la gauche et qu'il était impossible de ramasser les traînards, ce qui pouvait avoir de graves conséquences puisqu'on marchait à portée de l'ennemi. Le général prescrivit au commandant du bataillon d'arrière-garde de suivre la colonne à la distance et à l'allure qu'il jugerait convenables, de s'arrêter même au besoin pour ne laisser personne en arrière, et attendre que les bêtes de somme du convoi administratif vinssent chercher les traînards, après avoir été déchargées à la halte du soir. C'est ce qui fut fait. L'arrière-garde arriva à la halte à la nuit close sans avoir laissé un homme en arrière et sans avoir eu de décès. Deux hommes qui s'étaient forcés pour suivre la colonne succombèrent par suite de coup de chaleur.

La rapidité de l'allure, la chaleur et la soif ont causé les accidents de surmenage aigu survenus pendant cette marche. La journée suivante fut encore pénible, mais à un moindre degré. Après la visite du soir, le deuxième jour, l'ambulance de la colonne fut encombrée ; une évacuation s'imposait avant de s'éloigner encore de Batna : elle se fit dans la nuit. La colonne prit deux jours de repos en un point fourni très abondamment d'eau d'excellente qualité (Aïn-Sfia) et tout rentra dans l'ordre.

Nous citerons une autre marche où des accidents plus sérieux ont été imputés à la fatigue aggravée par l'action du froid et de la faim.

Une colonne de 750 hommes (trois compagnies de zouaves, deux de tirailleurs, un escadron de chasseurs d'Afrique), ayant quitté Aumale depuis deux jours, partit le 28 mars 1879 pour faire une étape de 34 à 35 kilomètres, dans des conditions qui en firent une marche forcée des plus pénibles. Départ à 5 heures avec la pluie qui n'a pas permis de faire le café ; la route très accidentée n'est qu'une piste détrempée par les pluies, tracée sur un terrain gras et argileux qui rendait la marche très pénible et mettait rapidement les sous-pieds des guêtres hors d'usage. Il y eut bientôt de nom-

breux traînards parmi les zouaves. On fait une grande
halte d'une heure après cinq heures trois quarts de marche.
La plupart des traînards rejoignent la colonne au moment où elle repart : ils n'ont donc pas eu de repos et n'ont
pu manger ou prendre du café comme leurs camarades.

La marche se continua jusqu'à 5 h. 1/2 du soir dans des
conditions extrêmement pénibles comme le matin, avec la
fatigue toujours croissante en plus et un ouragan de neige
fondue qui traversait et imbibait les vêtements de toile des
hommes et leur glaçait ainsi les membres. Le vent de face
était tellement violent que les chevaux refusaient d'avan-
cer. La colonne traversa vingt-deux fois la même rivière
avec de l'eau jusqu'à mi-jambe et même jusqu'à la ceinture.

Une des compagnies de zouaves comptait 120 hommes au
départ et 15 à l'arrivée.

Le lendemain matin, on avait retrouvé sur le parcours des
12 derniers kilomètres 19 zouaves morts de fatigue, de
faim et de froid.

La relation de ce désastre, écrite par le seul médecin militaire qui accompagnait la colonne, est pleine d'enseigne-
ments.

La fatigue excessive est la cause dominante de ces
accidents, l'immunité des tirailleurs en est la meilleure
preuve.

On connaît la résistance des recrues indigènes de cette
troupe, hommes accoutumés à une vie de privations et de
fatigues extrêmes, chez lesquels la sélection naturelle s'est
faite librement par le décès en bas âge des moins résistants.
Les tirailleurs, habitués à marcher les pieds nus la plupart
du temps depuis leur enfance, se sont débarrassés de leurs
chaussures dès qu'elles sont devenues gênantes, et ont pu
suivre ainsi sans peine la colonne.

La faim ou besoin impérieux de nourriture exagéré par
cette fatigue même n'a pas été satisfaite. On a vu que les
premiers traînards qui avaient si grand besoin du repos et

du repas de la grande halte n'avaient eu ni l'un ni l'autre. Dans l'après-midi, à la suite de nombreuses averses, le pain placé sur le sac a été mouillé puis coupé par la courroie qui le retenait ; il a été ainsi perdu pour bien des hommes. On a retrouvé du biscuit dans la bouche ou à la main de plusieurs des dix-neuf morts.

Le froid venant frapper des hommes exténués et mourant de faim a produit des effets désastreux : à aucun moment la neige n'a tenu sur le sol, il n'y a donc pas eu moins de 3 degrés au-dessus de zéro. Par cette température et malgré la violence du vent il ne se serait pas produit de cas de congélation sur une troupe modérément fatiguée et convenablement alimentée. On ne meurt pas de froid lorsqu'on peut réagir et l'on ne réagit que lorsque la nutrition donne ou rend à l'organisme des forces suffisantes. Les navigateurs qui hivernent au milieu des glaces par des températures de — 30 et — 40 degrés les supportent sans inconvénients parce qu'ils sont bien nourris et bien vêtus.

Les divers exemples qui précèdent montrent les effets de la privation du sommeil (marches de nuit), de la fatigue par persistance des marches sans repos, de la chaleur, de la soif, de la faim, du froid, de la rapidité exagérée de l'allure chez le soldat chargé.

Les accidents sérieux déjà décrits s'observent presque exclusivement dans des colonnes peu nombreuses (bataillon, régiment, brigade) qui ne sont pas gênées par d'autres unités dans l'étendue et la rapidité de leurs mouvements. Ainsi, pendant cinq mois de marches consécutives à la colonne Saussier, en 1871, par un été très chaud, on n'a observé qu'une seule fois les accidents légers relatés plus haut, imputables à la chaleur, à l'impossibilité de satisfaire la soif et à la rapidité anormale de l'allure ; d'habitude les étapes étaient plus courtes, l'allure était ralentie en raison des difficultés des chemins par lesquels la colonne a dû défiler quelquefois à la file indienne avec de nombreux impedimenta, et surtout par suite des nécessités tactiques en pays ennemi.

Comme accident des marches il n'y a plus à signaler que la fréquence des *indigestions graves* parmi les troupes soumises à de grandes fatigues. Il est connu que l'extrème fatigue coupe l'appétit, et que la faim ne se réveille qu'après un court repos. Si dans cet état d'extrème fatigue le soldat se laisse aller à boire ou à manger immodérément et surtout des boissons ou des aliments de mauvaise qualité ou insipides, l'estomac se laissera distendre par inertie et ne réagira pas pour digérer. Dans ces cas, le malaise devient vite sérieux et il se produit des phénomènes d'asphyxie et même des convulsions ou un état comateux avec un pouls misérable, une respiration irrégulière et un froid général intense.

Pendant les dernières manœuvres il y a eu au X⁰ d'infanterie deux accidents de ce genre à la suite d'une ingestion immodérée : 1° d'eau de mauvaise qualité; 2° d'une énorme quantité de viande de conserve pendant la grande halte, le 15 septembre. Ces deux hommes ont été sérieusement malades et ont reçu des soins médicaux pendant plusieurs heures. Un observateur non prévenu aurait pu confondre ces accidents avec le coup de chaleur. Il est toujours possible dans ces cas de s'assurer, malgré la perte de la connaissance, que l'estomac est ballonné et sensible à la pression.

Pendant les dures grandes manœuvres du 12ᵉ corps en 188.. dont nous avons cité quelques incidents, ces cas furent très nombreux et on laissa en route, où l'on pouvait, bien des hommes. En effet, pendant les premières heures, le malade n'est pas transportable tant son état est sérieux.

Les symptômes effrayants cessent dès que l'estomac est débarrassé par le vomissement, et le retour à la santé est très prompt.

Il faut dépouiller le malade, l'étendre sur un lit toutes les fois que cela est possible, le frictionner vigoureusement sur les membres pour rétablir la circulation, et dès que le coma n'est plus absolu, desserrer les dents et faire avaler quelques petites cuillerées de thé chaud. Si le coma est complet, la déglutition ne se fait pas, le liquide introduit dans la bouche reste dans l'arrière-gorge et peut de là pénétrer dans les voies respiratoires en aggravant les symptômes asphyxiques.

Quand la rigidité des mâchoires a cessé, il faut soulever le malade sur son séant, lui faire boire du thé en plus grande quantité et, aussitôt après, exciter le voile du palais avec une plume ou avec le doigt pour faire naître le vomissement. Dès qu'il commence, le malade est hors d'affaire; il n'y a qu'à continuer l'usage des boissons chaudes jusqu'à ce que l'estomac soit entièrement débarrassé. Il est utile de remuer un peu le malade, la position d'immobilité sur le dos empêchant le vomissement de se produire.

Si la période asphyxique se prolonge, l'intervention du médecin est nécessaire pour pratiquer une saignée.

Dans les cas de coup de chaleur, les soins à donner sont du même genre. Si le cas est grave et les symptômes asphyxiques intenses, une saignée immédiate est nécessaire et permet seule de donner utilement les soins consécutifs qui consistent en affusions froides sur la tête et le haut de la poitrine mise à nu, en flagellations sur les joues, le haut de la poitrine, la paume des mains avec le coin d'une serviette trempé dans l'eau, en frictions énergiques sur les membres. Dès que les mâchoires peuvent être écartées, faire ingérer quelques petites cuillerées à café d'une boisson alcoolisée ou d'infusion de thé.

Ces malades doivent être traités sur place et à l'ombre, ils ne sont pas transportables au début de la crise, à moins qu'il n'y ait une maison très proche où l'on puisse les déposer. Lorsqu'ils ont bien repris connaissance et sont un peu restaurés, ils doivent être versés dans un hôpital, s'il s'en trouve un à proximité, ou à l'ambulance.

Si le cas est plus léger, syncope simple sans asphyxie par

exemple, on débarrasse le malade de son équipement et d'une partie de ses vêtements ; on l'étend sur un brancard que l'on suspend dans la voiture d'ambulance après en avoir largement ouvert les rideaux. Il reçoit là les soins nécessaires. La connaissance revient en général très vite et, après deux ou trois pauses passées sur le brancard, le malade est en état de se tenir assis dans la voiture.

Dans les cas où il y a simplement des vertiges, de l'oppression avec ou sans palpitations du cœur par suite de fatigue, le repos dans la voiture pendant deux pauses suffit pour permettre au malade de suivre à pied la voiture s'il est débarrassé de tout l'équipement.

Dans cette courte exposition des soins à donner aux malades pendant les marches, il est souvent fait mention de la voiture d'ambulance ou du fourgon qui doit suivre la colonne.

Une voiture de secours est en effet nécessaire à toute colonne d'infanterie quelque peu nombreuse. Nous avons fait mention d'une indisposition sérieuse survenue pendant une marche chez trois sous-officiers d'un régiment de la garnison de Lyon, et de leur transport immédiat dans le fourgon qui suivait la colonne ; c'est sur la demande expresse du médecin que cette voiture avait été mise à sa disposition le matin au moment du départ. Ces trois sous-officiers sont tombés malades au moment d'entrer dans Lyon ; on voit combien il était urgent de pouvoir les soustraire aussitôt aux regards du public.

Les divers faits exposés au courant de cette étude justifient l'opinion de l'auteur.

*Exemples de marches :* Les exemples inédits ont été déjà donnés.

Nous n'insisterons pas sur les marches citées dans l'histoire, toutes bien connues.

Ce n'est pas sur la distance parcourue entre le point de départ et le point d'arrivée qu'il faut se baser pour apprécier la somme de travail effectué ou de difficultés vaincues ; une troupe peut exécuter des marches remarquables dans un espace limité comme dans la campagne d'Italie en 1797. C'est ce qu'ont fait la colonne Saussier et plusieurs autres en 1871 : celle-là a fait plus parce qu'elle a été la première et même la seule organisée dans les premiers mois de l'insurrection et qu'elle a marché et combattu depuis le mois de mars jusqu'au mois de novembre inclus.

De même le chemin parcouru par la colonne des Dix-Mille sous les ordres de Xénophon n'est pas des plus considérables, mais, en raison des fatigues éprouvées et des difficultés vaincues, le récit de cette marche est des plus instructifs.

La campagne du Mexique, de 1862 à 1866 fournit des exemples de marches très remarquables.

De nos jours, les colonnes du Sud oranais, de la Tunisie, du Tonkin, les campagnes annuelles au Sénégal permettent d'affirmer que le soldat français n'a pas déchu, qu'il est bien le descendant de ces Gaulois aventureux qui couraient le monde pour leur compte ou comme mercenaires dans les armées anciennes.

Nos soldats renouvelleront les exploits des célèbres demi-brigades de l'armée d'Italie, de la division Friant qui fit 145 kilomètres en deux jours et combattit à Austerlitz.

L'étude de toutes ces campagnes permettra de vérifier la justesse de cette proposition de M. le colonel de Pouvourville : « La fatigue seule est la véritable maladie du marcheur etc. », proposition prise pour épigraphe de cette modeste étude.

# BIBLIOGRAPHIE

**Mémoires de médecine et de chirurgie militaires :** Année 1880, troisième série, tome 36. *Désastre du Tlela des Douairs*, par LEBASTARD, médecin aide-major de 1re classe.

**Archives de médecine militaire**, tome VII, année 1886 : *Epidémie de fièvre typhoïde au camp du Pas-des-Lanciers*, par DUCHEMIN, médecin principal de 2º classe.

Tome IX, année 1887 : *De la Fatigue et du Surmenage*, par KEIM, thèse de Lyon.

Tome IX, année 1887 : *Etude statistique, étiologique et clinique des diverses formes de la tuberculose chez le soldat*, par COUSTAN, médecin-major de 1rª classe.

Tome XI, année 1888 : *Etude sur l'hygiène des bataillons alpins*, par LÈQUES, médecin-major de 2ª classe.

Tome XII, année 1888 : *La Saignée dans le coup de chaleur*, par L. GÉRAUD, médecin-major de 2º classe.

**Journal des Sciences militaires**, année 1886 : *Etude sur la marche en pays de montagne*, par le lieutenant-colonel PAQUIÉ. Années 1886 et 1887 : *Notes sur la marche*, par le lieutenant-colonel de POUVOURVILLE.

**Revue scientifique**, année 1890 : *Les Lois de la fatigue musculaire*, d'après MOSSO.

*Le Rythme de la respiration*, par le professeur Ch. RICHET.

**L'Hygiène de l'exercice chez les enfants et les jeunes gens,** par le docteur F. LAGRANGE. Alcan, Paris, 1890.

**Archives de médecine militaire,** tome XVII, année 1891 : *La Pathogénie dans les milieux militaires*, par KELSCH, médecin principal de 1re classe, professeur au Val-de-Grâce.

Paris et Limoges. — Imp. militaire Henri CHARLES-LAVAUZELLE.

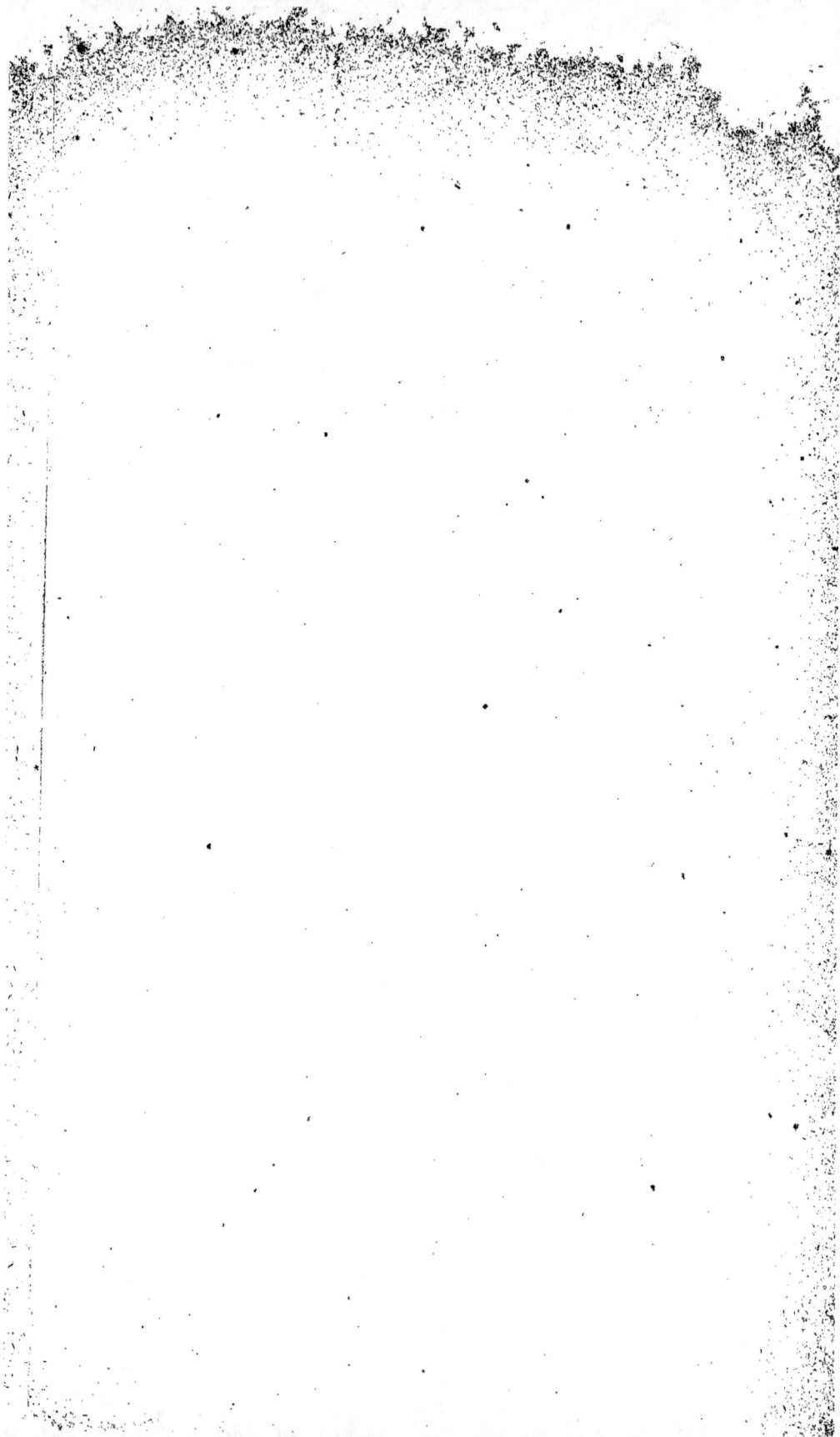

# Librairie militaire Henri Charles-Lavauzelle

## Paris, 11, place Saint-André-des-Arts.

**Reischoffen**, poésie, par Gaston ARMELIN, ayant obtenu le 1er prix au concours littéraire du Centre. — Plaquette in-8º de 16 pages............ » 50

**Stances d'un volontaire**, par Paul DE TOURNEFORT. Poésies patriotiques, honorées d'une souscription du ministère de la guerre. — Brochure in-8º de 36 pages............................................................. 1 »

**D'estoc et de taille**, poésies patriotiques, par Georges DE LYS. — Volume in-32 de 88 pages, broché........................................... » 50
    Relié toile anglaise.............................................. » 75

**Les fredons**, poésies, par Alexandre VALLET. — Volume de 136 pages. 3 »

**Intimités, sourires et larmes**, poésies, par F.-J. MONS, officier d'administration. — Volume vélin teinté.................................. 2 »

**L'amour proscrit, rêves, souvenirs et impressions**, poésies, par Pierre DAÏTONE. — Brochure in-18 de 88 pages............................ 2 50

**Chants militaires, chansons de route et refrains de bivouac**, par le capitaine DU FRESNEL, officier d'académie (3º édition, revue et augmentée). — Volume in-32 de 128 pages, broché....................... » 50
    Relié toile anglaise ............................................ » 75

**Sonneries et marches** du règlement du 29 juillet 1884 sur les manœuvres de l'infanterie, avec paroles du capitaine DU FRESNEL. — Volume in-32 de 96 pages, broché.............................................. » 50
    Relié toile anglaise........................................... » 75

**A propos de la DÉBACLE**, *Emile Zola*, par M. le général MOREL. (Paris 1893.) — Brochure in-18.......................................... 1 »

**L'officier**, par M. DES MOULINS. — Brochure in-8º de 64 pages....... 2 25

**L'armée et la ploutocratie**, par le capitaine NEMO. Réponse à l'article de la *Revue des Deux-Mondes*, intitulé l'*Armée et la Démocratie*. — Brochure in-8º .................................................

**La France est prête !** en réponse à l'ouvrage : *Pourquoi la France n'est pas prête ?* — Brochure in-8º.......................................... 2 »

**La prochaine guerre franco-allemande**, par le lieutenant-colonel C. KŒTTSCHAU, traduit par E. JAEGLÉ, professeur à l'Ecole spéciale militaire de Saint-Cyr. — Volume in-18............................... 3 50

**Les forces respectives de la France et de l'Allemagne**, leur rôle dans la prochaine guerre, par le lieutenant-colonel C. KŒTTSCHAU. — Volume in-18................................................... 3 50
Cet ouvrage forme le second volume de *la prochaine guerre.*

**La prochaine guerre franco-allemande**, réponse au colonel Kœttschau, par un zouave en activité de service. — Brochure in-8º de 38 pages... 1 »

**L'entrée en campagne**, par le lieutenant-colonel C. KŒTTSCHAU, traduit par E. JAEGLÉ, professeur à l'Ecole spéciale militaire de Saint-Cyr. — Volume grand in-8º.............................................. 3 50

**La guerre, l'Europe et les coalitions**, ouvrage accompagné d'une carte hors texte. — Brochure in-8º de 72 pages......................... 1 25

**Les batailles imaginaires**. — **La bataille de Londres en 188...**, par A. GARÇON. — Brochure in-8º de 48 pages...................... 1 25

**Les batailles imaginaires.— Le combat naval de Port-Saïd en 1886**, entre les flottes alliées de France et de Turquie contre celle d'Angleterre, par A. GARÇON. — Brochure in-8º de 128 pages.................. 2 50

**Comment la France conquit l'Angleterre en 1888**. Récit des batailles et combats divers qui amenèrent cette conquête, d'après l'allemand de Spiridion Gopcevic, par H. BUCHARD, lieutenant de vaisseau. — Brochure in-8º de 84 pages........................................ 2 »

**Videant consules. La guerre est-elle imminente?** traduit avec autorisation de l'auteur, par E. JAEGLÉ, professeur à l'Ecole spéciale militaire de Saint-Cyr. — Volume in-18...................................... 2 »

# Librairie militaire Henri Charles-Lavauzelle

## Paris, 11, place Saint-André-des-Arts.

**Pas de guerre ! La prochaine guerre au point de vue des chiffres,** par Albert E.-Fr. SCHAEFFLE, ancien ministre. — Br. grand in-8°.... 1 »

**L'Europe actuelle et la prochaine guerre** (P. RUGGERI), traduit de l'italien par J. POGGI, sous-lieutenant au 14e de ligne (unique traduction française autorisée). — Volume in-18 de 252 pages, broché............ 3 50

**L'alliance russe,** réponse à M. le colonel Stoffel, par le colonel VILLOT. — Brochure in-8° de 72 pages.................................... 1 50

**La triple alliance en Europe.** — **L'Autriche-Hongrie dans la prochaine guerre.** — Brochure in-8° de 88 pages..................... 1 50

**Les Italiens devant Belfort. Comment les fortifications du Saint-Gothard pourront être tournées par une armée italienne,** par le capitaine PINGUET, du 73e d'infanterie. Ouvrage accompagné d'une carte, en quatre couleurs, des lignes ferrées reliant l'Italie avec l'Allemagne du Sud et l'Alsace. — Brochure in-8° de 20 pages..................... » 60

**La neutralité de la Belgique,** par Claude MESSIN. — Brochure in-18 de de 60 pages............................................... 1 25

**La Russie et l'invasion de l'Inde,** par Pierre LEHAUTCOURT. — Brochure in-8° de 24 pages................................... » 60

**Les Leçons de la guerre,** par Ch. DESPRELS, colonel d'artillerie en retraite, commandeur de la Légion d'honneur. — Vol. in-8° de 500 p. broché... 7 50

**Histoire militaire de la France,** de 1643 à 1871, par Emile SIMOND, lieutenant au 28e de ligne. — 2 volumes in-32, brochés................... 1 »
Reliés toile anglaise................................... 1 50

*Ministère de la guerre.* — **Histoire militaire,** avec 12 cartes. — Volume in-18 de 246 pages......................................... 4 50

**L'Armée française à travers les âges,** par L. JABLONSKI :
TOME Ier. — Des origines de notre pays jusqu'à Philippe le Bel. — De Philippe le Bel à la bataille de Fontenoy.
Volume in-12 de 500 pages, broché............................. 5 »
TOME II. — De Louis XIV à la Révolution. — L'armée pendant la Révolution et sous l'Empire.
Volume in-12 de 480 pages, broché............................. 5 »
TOME III. — De la Restauration à 1848. — De 1848 à 1870.
Volume in-12 de 540 pages, broché............................. 5 »
TOME IV. — Le droit des gens, la préparation à la guerre, éléments qui composent l'armée, combattants et non combattants, services administratifs.
Volume in-12 de 498 pages, broché............................. 5 »
TOME V. — Art militaire. — Historique des écoles militaires. — Historique des drapeaux français. — (*Sous presse*).

**Etude sommaire des campagnes d'un siècle,** par le capitaine Ch. ROMAGNY, ex-professeur adjoint de tactique et d'histoire à l'Ecole militaire d'infanterie.
**Campagne de 1792-1806.** — 1 volume (4 cartes).
—  **1805.** — 1 volume (2 cartes).
—  **1813.** — 1 volume (4 cartes).
—  **1814.** — 1 volume (1 carte).
—  **1815.** — 1 volume (1 carte).
—  **1859.** — 1 volume (1 carte).
—  **1866.** — 1 volume (4 cartes).
—  **1877-78.** — 1 volume (3 cartes).
8 volumes in-32, brochés, l'un.................................... » 50
Reliés toile anglaise.............................................. » 75

Le catalogue général est envoyé franco à toute personne qui en fait la demande.

www.ingramcontent.com/pod-product-compliance
Lightning Source LLC
LaVergne TN
LVHW020041090426
835510LV00039B/1360